中学時代にしておく50のこと

Akihiro Nakatani
中谷彰宏

心の友だち

PHP

まえがき

中学時代は、境目のない時代。
だから、なんでも、遊びになる。

中学時代は、「境目のない時代」です。
「勉強」と「遊び」の境目がない。
「マンガ」と「現実」の境目がない。
「授業中」と「休み時間」の境目がない。
「学校」と「家」の境目がない。
「したいこと」と「しなければならないこと」の境目がない。

「今日」と「明日」の境目がない。
「大人」と「子ども」の境目がない。
「友達」と「自分」の境目がない。
境目がないから、楽しいのです。
なんでも、遊びにできます。
大人になると、「境目」だらけです。
せっかく、境目のない時代に生きているのだから、
境目を自分でつけたりしないで、
なんでも、楽しんでしまおう。
一見《いっけん》、境目に見えるものも、
境目なんて、存在しないんだと気づけるはずだ。

ひとりぼっちた
感じても
君のことを
考えている人が
きっといるよ
中谷彰宏

あき
ひろ

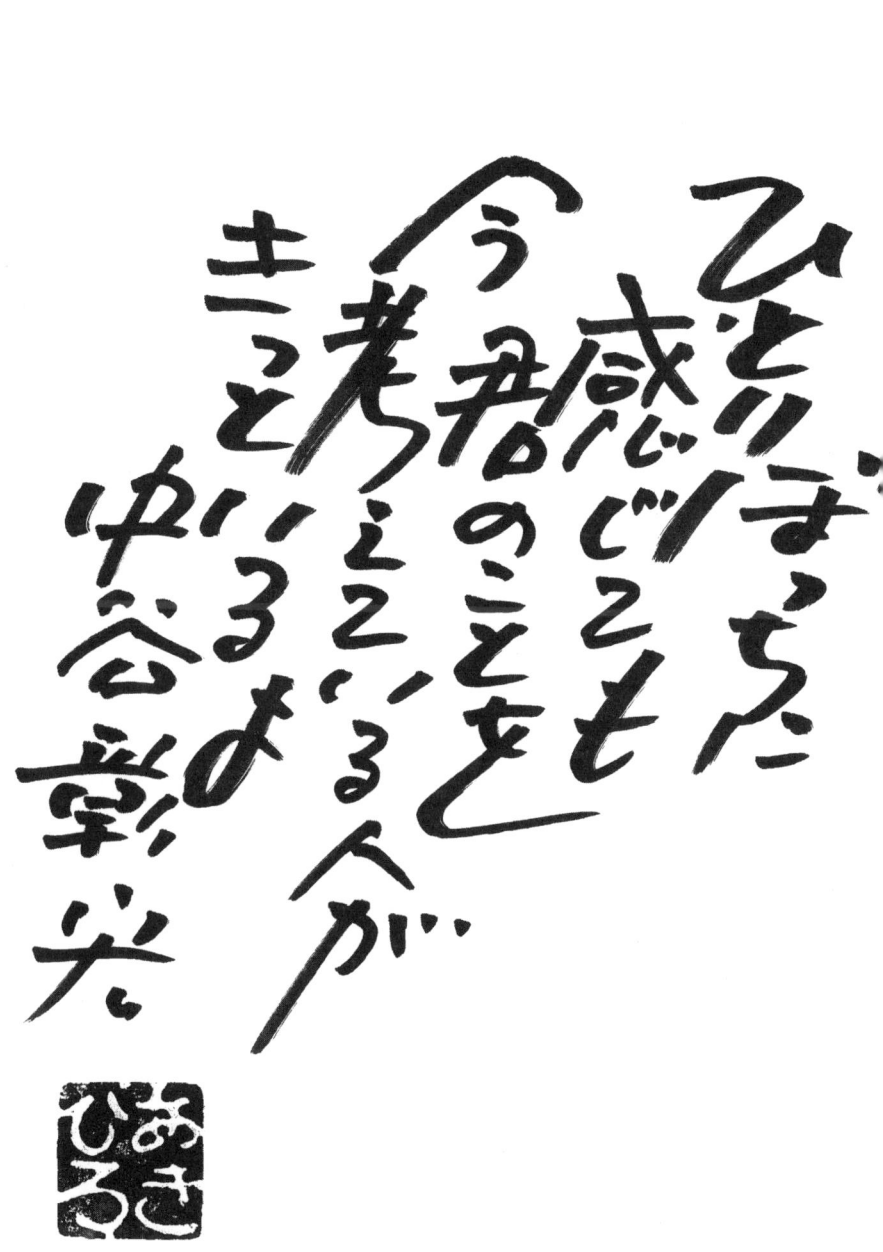

中学時代にしておく50のこと

01 本屋さんで、勉強しよう。

02 好きなものを、写そう。

03 コピー機に頼らず、手で写そう。

04 先生の文字を、マネしよう。

05 「宿題以上のこと」をしよう。

06 こっそり「自分のコーナー」をつくろう。

07 教科書を、本として読もう。

08 「秘密の本屋さん」を持とう。

09 外国人と、話そう。

10 よその学校の本を読もう。

11
遠くに行くために、勉強しよう。

12
行きたい国の勉強をしよう。

13
アニメと現実の区別をつけない。

14
「ムダなこと」をしよう。

15
「疲れないこと」をしよう。

16
好きな人のモノマネをしよう。

17
大人の本を読もう。

18
先生の手伝いをしよう。

19
「手間のかかること」をしよう。

20
立候補しよう。

21 休み時間に、休まない。

22 自分で、ゲームをつくろう。

23 コレクションをしよう。

24 自分なりの楽しみを見つけよう。

25 給食係をしよう。

26 なんでも、イベントにしよう。

27 楽しいことを、あきらめない。

28 ひとりぼっちを楽しもう。

29 留守番をしよう。

30 「たった1人の友達」をつくろう。

31
誕生日に、1人で過ごそう。

32
好き嫌いを、つくろう。

33
友達を、家に呼ぼう。

34
自分自身と、話をしよう。

35
お気に入りのラジオ番組を持とう。

36
鼻唄を、歌おう。

37
誰かを、ほめてあげよう。

38
たった1人の応援者を、大切にしよう。

39
「寂しい」と言わない。

40
友達を増やそうとしない。

41

「なんで」と相手に文句を言わない。

42

「なんで」を自分自身に向けよう。

43

「なんで」と聞く前に行動しよう。

44

内緒の友達を、1人つくろう。

45

自然と、話をしよう。

46

誰もいないところで、好きなことを披露しよう。

47

「黙っている味方」に感謝しよう。

48

嫌いなことをなくすより、好きなことをつくろう。

49

妄想して、ニヤニヤしよう。

50

リアクションを、求めすぎない。

中学時代にしておく50のこと

もくじ

第1章 本屋さんが遊び場だった。

第2章 なんでも、イベントにして楽しんだ。

第3章 ひとりぼっちだから、幸せになれた。

中谷彰宏氏は、盲導犬育成事業に賛同し、この本の印税の一部を㈶日本盲導犬協会に寄付しています。

視覚障害その他の理由で活字のままでこの本を利用できない人のために、営利を目的とする場合を除き「録音図書」「点字図書」「拡大写本」等の製作をすることを認めます。その際は著作権者、または、出版社までご連絡ください。

QRコードの読み取りに対応したカメラ付き携帯電話で右のQRコードを読み取ると中谷彰宏ホームページのモバイル版にアクセスできます。対応機種・操作方法は取り扱い説明書をご覧ください。

■装幀――こやまたかこ
■装画――宮尾和孝
■本文デザイン――本澤博子

第1章

本屋さんが遊び場だった。

01

学校帰りに毎日2時間、本屋さんで立ち読みをしていた。

僕《ぼく》の通っていた中学校は、駅から歩いて15分のところにありました。
駅と駅との間なので、２つの駅が使えます。
どちらの駅に行くにも、本屋さんがありました。
僕《ぼく》は、帰りにいつもどちらかの本屋さんで立ち読みしていました。
毎日行くと顔を覚えられるので、１日おきに行きます。
2時間はいるので、それでも覚えられます。
しかも、そんなに大きい本屋さんではありません。

僕《ぼく》は、ハードカバーの分厚い本を読んでいました。
2時間でも読み切れないので、しおりを挟《はさ》んで次の時に続きを読むのです。
小さい字で、2段組みの上下巻を読んでいたのです。
しかも、映画の原作など、大人の本を読むのが好きでした。
大学の経済学の本には微分《びぶん》積分が出てきます。
高校の数学をやっていないから、中学生にはわかりません。
そこは飛ばして読んでいました。
新書で、『孫子《そんし》の兵法』や『韓非子《かんぴし》』などを読んでいました。
経営者やオジサンが読む本です。
それが今の僕《ぼく》が書いている本の原点です。
僕《ぼく》は、一方でマンガのヒーロー物にあこがれていました。

『プロレス入門』や大山倍達《おおやまますたつ》さんの『空手《からて》を始める人のために』を読んでいました。

僕《ぼく》の中では、孫子《そんし》もアニメのヒーローも同じだったのです。

中学生でしておくこと 01

本屋さんで、勉強しよう。

02

写すことで、自分の宝物にできる。

僕《ぼく》は、写すのが大好きです。
子どもの時から『少年朝日年鑑《ねんかん》』を写していました。
世界の平均気温と降水量を自分のノートに写していました。
降水量は棒グラフで、平均気温は折れ線グラフです。
目盛りを少し取《と》り違《ちが》えると、形が変わってしまいます。
1カ月ズレてしまうだけでもヘンなことになります。
同じ形にするためには、細心の注意力が必要なのです。

ブエノスアイレスは、7月、8月が冬で、夏は1月、2月で、暑いのです。

でも、僕《ぼく》はブエノスアイレスは「夏寒い国」と覚えていて、「衣がえが不便だろうな、この国の人は」と思っていました。

シンガポールは雨だらけで、しかも年間平均気温が30度です。

春夏秋冬の区別がなくて、いつ衣がえをするのか不思議でした。

モスクワは年中冬で、カイロには雨がありません。

「なんだ、ここは」とぶつぶつひとり言を言いながら、グラフを書いていました。

外国に行きたいと思っていたので、地図を写すのも大好きでした。

母親には「ノートがもったいない」と言われました。

父親は「面白いか」と言って放任してくれました。

僕《ぼく》は、写すことで知識を自分のものにしたかったのです。めんどくさいとは思いませんでした。コピー機があったとしても、コピーではダメです。

できれば1冊丸ごと手で写したかったのです。

中学生でしておくこと

02

好きなものを、写そう。

03

幕末の偉人にならって、本を写す。

僕《ぼく》は、こんなに本好きの人間なのに、家で買ってもらった本は3冊しかありませんでした。

父親が選んだ本は『巌窟王《がんくつおう》』と『仔鹿物語』で、母親が選んだ本は『福沢《ふくざわ》諭吉《ゆきち》物語』です。この3冊しかないのです。僕《ぼく》は、本に飢《う》えていました。

福沢諭吉《ふくざわゆきち》は、大阪《おおさか》の緒方洪庵《おがたこうあん》の適塾《じゅく》に行って学びます。『ヅーフハルマ』というオランダ語の辞書が、塾《じゅく》に一冊しかありませんでした。

試験前には、『ヅーフハルマ』が置いてある部屋で、諭吉《ゆきち》をはじめ、塾《じゅく》生が徹夜《てつや》で勉強したそうです。

勝海舟《かつかいしゅう》には、『ヅーフハルマ』を借りて、丸々2冊分写したというエピソードがあります。

1冊は売って借りたお金を払い、1冊は自分のものにしたのです。

当時の勉強はこれです。

僕《ぼく》は「辞書を2冊分写すって、はんぱじゃない」と驚きました。

でも、そのおかげで『ジャポニカ百科事典18巻』をノートに写してみようという気持ちが少しわきました。

そのスタートラインが『少年朝日年鑑《ねんかん》』だったのです。

中学生でしておくこと 03

コピー機に頼らず、手で写そう。

04

好きな先生の字を、完璧《かんぺき》に模写するのが楽しかった。

学校は、行かなくてもいいのです。

行くと面白いことがあるから、行くだけのことです。

「行かなければならない」と思うと、しんどいですね。

僕《ぼく》は、学校の中に「自分だけの楽しみ」がたくさんありました。

社会の永井《ながい》先生の板書《ばんしょ》の字が大好きでした。永井先生の黒板の字をノートに完璧《かんぺき》に模写していました。

永《なが》井《い》先生が「なんでオレのノートがこんなところにあるんだ」と、間違《まちが》って持って帰ったぐらいでした。

テストの答案も、永井先生の字をマネて書いていました。

学校は、授業の内容よりも、先生の字をひたすら模写するだけで楽しかったのです。

中学生でしておくこと

04

先生の文字を、マネしよう。

05

漢字を書いていると、ランナーズハイになる。

小学校の宿題で、ジャポニカ学習帳に、漢字を100回書いてこいと言われます。

普通《ふつう》はめんどくさいです。でも、僕《ぼく》は500回、書いていました。書いているうちにランナーズハイのようになって、やめられなくなるのです。

最初のうちは、先にへんだけ書いて、次につくりだけ書いたりします。

そんなことをやっているうちに、もっとうまく、もっと早く書くにはどうすればいいかというところに気持ちが行くのです。

だんだん調子が出てきたところで、100回を過ぎてしまいます。

結局、300回も500回も書くことになるのです。

「先生をびっくりさせよう」という気持ちもありました。

先生に「これ以上書いちゃダメ」と言わせたかったのです。

たとえば、漢字練習帳に、1冊全部「駅」という字が書かれていたらすごいです。これはもう企画《きかく》です。

ボクサーの亀田《かめだ》兄弟も漢字の書き取りが好きだったそうです。

同じ漢字を何度も書くことは、ボクシングの反復練習に似ています。

僕《ぼく》は、模写と反復が楽しくてしょうがありませんでした。

中学生でしておくこと 05

「宿題以上のこと」をしよう。

06

自分の部屋が欲しいから、勉強していた。

子どものころ、僕《ぼく》の家は、スーパーマーケットの2階でした。

おじさんがスーパーマーケットをやっていて、親戚《しんせき》で経営していたのです。スーパーをやめてから、スナックを始めました。

お店は夜12時閉店ですが、お客様が帰るまで終われません。

終わるのは、いつも午前1時や2時でした。

中学生になっても、寝《ね》る部屋は、家族と一緒《いっしょ》でした。

妹と僕《ぼく》が二段ベッドで、横の布団で父親と母親が一緒《いっしょ》に寝《ね》ていました。

中学生でしておくこと

06

こっそり「自分のコーナー」をつくろう。

最初は自分の部屋がなかったのです。

「勉強する」という名目で、自分の部屋をもらいました。

勉強がしたかったというより、自分の部屋が欲しかったのです。

僕《ぼく》はいつも、机にうつぶせになって、寝《ね》ていました。

机で寝《ね》ている時は仮眠《かみん》なので、まだ勉強の途中《とちゅう》です。

ちゃんと寝《ね》るなら、家族一緒《いっしょ》の部屋に行かなければなりません。

1人の部屋にいたいから、勉強していたのです。

07

教科書を、本として読んでいた。

僕《ぼく》は勉強自体、嫌《きら》いではありません。

そもそも勉強と読書との区別がついていなかったのです。勉強と思っていなかったのです。

4月の新学期に教科書をもらうと、その日のうちに全部読んでしまいます。

教科書だろうが、本だろうが、僕《ぼく》にとっては変わらないのです。

社会の教科書は横書きです。

大陸移動説、縄文《じょうもん》時代から始まって現代まで、本として読むのです。
教科書として読んだことはまったくありません。
勉強が好きなのではなく、本が好きなのです。
何が好きって、参考書のにおいがたまらなく好きなのです。
昔の参考書はカラー写真入りで、印刷のにおいが強いのです。
そのにおいがクラクラするくらい好きでした。
大阪《おおさか》の進々堂書店に参考書を買いに行くのも、たまらない快感です。
参考書のにおいにまみれるのが、好きだったのです。
教科書のにおいも、参考書のにおいも好きです。
そもそも、本のにおいが大好きなのです。
決して勉強していたということではありません。
ノートをとるのも、永井《ながい》先生の字が好きなので、永井《ながい》先生の字をまねてノートをとって、テストも先生の字で書きます。
結局、それで頭に入るのです。
「勉強しなくちゃ」とは、あまり思っていませんでした。

中学生でしておくこと 07

教科書を、本として読もう。

08

大きな本屋さんに行くために、街《まち》中《なか》の中学を受験した。

僕《ぼく》は、家から遠い中学校を受験しました。

そこに行きたかったのは、制服がカッコよかったこともありますが、大きな本屋さんがそばにあるからです。

大きな本屋さんへ毎日行けたら、どんなに幸福かと思ったのです。

結局は、落ちて公立の中学に行きました。

そのころ、ちょうどマージャンが流行《はや》っていて、マージャンばかりやっていたのです。

小学生ですから、トランプに毛の生えたようなマージャンです。

僕《ぼく》の家には、マージャン卓《たく》が2卓《たく》あったので、友達が大ぜい来るのです。

落ちた時も、「ああ、大きな本屋さんに行けなくなった」と残念でした。

本を読みたいという気持ちは、ますますつのっていきました。

中学生でしておくこと 08

「秘密の本屋さん」を持とう。

09

英語を勉強するより、外国人の先生と会うのが楽しかった。

神戸に住んでいたころ、親に「これからは英語の時代だ」と言われて、幼稚園《ようちえん》の年少の時に六甲《ろっこう》教会に英語を習いに行きました。

英語は嫌《きら》いではありませんでした。

堺《さかい》に引《ひ》っ越《こ》してからは、土曜日の午後、イエズス会の経営するミッションスクールの英語を教えるクラスに、バスに乗って習いに行きました。

先生はカナダ人のモロー先生です。

それを小学生時代ずっと続けていました。
中学に入ると、学校で英語を習います。
でも、英語はもうできると思っているので、まったく勉強しませんでした。
ところが、テストの点数が全然とれません。
「なんで英語だけ勉強しないんだ」と、担任の岩本先生に怒《おこ》られました。
岩本先生は英語の先生です。
英語はできると思っていたので、文法の勉強をまったくしていなかったのです。
会話で覚えているのですが、テストになると全然できないのです。
頭の中に、単語の量はあります。
でも、教科書に出てくる単語とふだんの会話の単語とは、違《ちが》いました。

中学生でしておくこと

09

外国人と、話そう。

最初に教会で習ったのは、「ＦＯＸ」など動物の名前でした。
でも、教科書はまず文法から入るのでした。

10

本来の目的ではない楽しみ方をしていた。

英会話をやってよかったのは、外国人に対して怖《こわ》さがなくなったことです。

小学校の時に習っていたイエズス会の賢明《けんめい》学院の先生は、カナダ人のモロー先生で、「さあ、英語の勉強始まりましょう」というのが口グセの美人の先生でした。

子ども時代に外国人に接する機会は、日本ではなかなかありません。

僕《ぼく》は「外国人は、いい人だ」という印象をまず持ったのです。

アルファベットを覚える時に、筆記体をペンで書かせます。

もちろん、僕《ぼく》はこれにハマりました。

英語の4線のノートに筆記体をペンで書くと、とてもきれいなのです。

もう1つよかったのは、教室に学級文庫があったことです。

土曜日の午後、学校のあいている教室を使って授業があります。

僕《ぼく》の通っていた小学校には、学級文庫はありませんでした。

やっぱり私立の学校はすごいと思いました。

僕《ぼく》は、学級文庫の本を読みまくりました。

窓の下のところに2段の本棚《ほんだな》が端《はし》から端《はし》まであって、そこに本がびっしり置いてあるのです。

早めに行って、授業が始まるまで読んで、授業が終わってからもずっと読んでいます。

誰《だれ》もいなくなって、さすがにこんなに遅くまで残っていたらヘンだからと、仕方なく帰ります。

早く読むクセは、そこでもついたのです。

子ども時代の僕《ぼく》は、楽しみ方の趣旨《しゅし》がみんなと違《ちが》っていました。

自転車通学の友達がいました。僕《ぼく》は電車通学です。

でも、いつもカバンを積んでもらって、自転車の横を走って帰りました。

走るのが好きだからではありません。

その友達と一緒《いっしょ》にいたかったのです。

中学生でしておくこと 10

よその学校の本を読もう。

11

勉強すると、遠くに行ける。

僕《ぼく》は、東京の高校に行きたいと思っていました。

勉強は、東京の私立高校や国立の附属《ふぞく》高校に行くための手段でした。

遠くに行くことが、勉強のモチベーションになっていたのです。

僕《ぼく》の小学校の時の将来設計は、サイボーグ009になることでした。

将来レーサーになって、事故を起こして、サイボーグに変身させられて、世界平和のために戦うのです。

つきあう相手は、サイボーグ003です。

サイボーグ003とは、バレリーナが事故にあって、サイボーグになったフランソワという女性です。

となると、やっぱりフランス語も必要です。

アニメのヒーローになって世界で戦うには、やっぱり外国語も要《い》るなという感覚だったのです。

1 2

中国に行くために、中国の代表に会いに行った。

生徒会の活動は、僕《ぼく》にとっては表現の場でした。活動そのものは、あまり面白いわけではありませんでした。次にモチベーションが高まったのは、日中国交回復でした。

当時、僕《ぼく》は中国の古典を読んで、中国の革命家にあこがれていました。『三国志』に出てくる諸葛亮孔明《しょかつりょうこうめい》のようになりたいと思っていたのです。

僕が中学生のころ、田中角栄首相の時に日中国交が回復しました。

中日友好使節団として、中国から2人の代表が日本へやって来ました。大阪《おおさか》へ入って、京都を通って、東京に行くのです。

僕《ぼく》は、ホテルプラザまで代表に会いに行きました。

当時の警備は、国交が樹立したばかりで厳戒《げんかい》態勢でした。

今から思うと、よくホテルに入れてもらえました。

でも、学生服を着ていたから、簡単に信用されたようです。

先生を通して話してもらって、そこで姉妹校を結びたいと言ったら、なんと話が通ったのです。

新聞にも載《の》りました。

僕《ぼく》はこれで中国に行けると思って、藤堂明保《とうどうあきやす》先生のNHK中国語講座で勉強しはじめました。

中国語は最初の四声の発音は中学生には退屈《たいくつ》で、いつも寝《ね》てしまいました。

30分の番組が、気がつくと必ず「楽しい園芸」にかわっていました。

中学生でしておくこと

12

行きたい国の勉強をしよう。

13

政略結婚ができなくて、政治家を諦《あきら》める。

当時は中国との交渉《こうしょう》に時間がかかりました。

3年たって僕《ぼく》が高校生の時にようやく、「中国の姉妹校から招待されているけど、おまえがやり始めたんだから、行くか」という話が来たのです。

でも、その時はもう興味がまったく変わっていました。

高校時代は、大蔵省（現・財務省）に入って将来は政治家になることを目指していました。

山本薩夫《さつお》監督《かんとく》の映画『金環食《きんかんしょく》』に出てくる内閣官房《かんぼう》長官役の仲代達矢《なかだいたつや》さんが、カッコよかったのです。

本当は、社会派で、政治の悪を説いている映画です。

それを子ども心に「中国なんか行ってる場合じゃない。受験勉強をしなければ。やっぱり資本主義だ」という転向が起こったのです。

中国にあこがれていたのは、共産主義だったからではありません。

革命のある国は、当時中国しか浮かばなかったからです。

でも、結局転向したので、行かなかったのです。

僕《ぼく》は後に、もっと好きなものに出逢います。

浪人《ろうにん》の段階で「政治ではなく芸術だ」と変わりました。

結局、政治家がカッコよかったというよりは、仲代達矢《なかだいたつや》さんがカッコよかっただけだと気づいたのです。

政治家になるためには、政略結婚《けっこん》をしなければならないと誰かに聞きました。

これは中学生には、きついです。

好きな女子は諦《あきら》められません。

僕《ぼく》は、サイボーグ００９として００３のフランソワとつきあおうと思っていた人間です。

マンガの世界で、政略結婚《けっこん》はありえません。

自分の哲学《てつがく》として納得がいかないので、政治家になることは諦《あきら》めたのです。

中学生でしておくこと 13

アニメと現実の区別をつけない。

14

ムダなことは、楽しい。やったことはムダにならない。

中学時代に勉強した中国語が、後で役に立ったことがあります。

僕《ぼく》は、後に中国拳法《けんぽう》に興味を持ちました。

でも、中国拳法《けんぽう》の本は本当に少ないのです。

松田隆智先生の『蟷螂拳《とうろうけん》』があるぐらいで、日本語訳の本はほとんど出ていませんでした。

予備校時代に、神田に中国書籍《しょせき》専門の本屋さんを見つけました。

輸入書のお店で、全部中国語です。

でも中国語を勉強していたので、これがなんとなく読めたのです。

ただ1つ、マイナスもありました。

当時、TVの中国語講座でやっていたのは北京語《ペキン》です。

北京語《ペキン》は、簡体字です。

文字が好きな僕は、またハマりました。

僕《ぼく》は簡体字を覚えて、ノートはずっと簡体字でとっていました。

今でも、講演の板書《ばんしょ》に簡体字が入ります。

テストでつい書いてしまい、字が間違《まちが》っているといわれてペケになるのです。

決して間違《まちが》っているわけではありません。

急いで書くと簡体字になってしまうのです。

みんなが知らない暗号を書くような快感もありました。

一方で、台湾《たいわん》の繁体字《はんたいじ》や日本語の旧字のむずかしい漢字を使うのも好きです。
むずかしい副詞を漢字で書くのも好きです。
とにかく漢字が好きだったのです。
漢字は、僕にとっては、暗号だったのです。

中学生でしておくこと 14

「ムダなこと」をしよう。

15

好きなことは、疲《つか》れない。

今でも嫌《きら》いなことは、すべてめんどくさいです。
でも、好きなことに関しては、めんどくささはまったく感じません。
2時間立ち読みしても、足は疲《つか》れませんでした。
誰《だれ》もお客様がいなくて、僕《ぼく》1人です。店のご主人が座っています。
小さな本屋さんです。プレッシャーがあるので、2時間が限度です。
1日おきに行って、しおりを挟《はさ》んで前の続きを読むのです。
悪いと思って、たまに買います。

居づらいから、立ち読み代として読み切った本を買うのです。

本は持って帰ってから読むのではなく、その場で読み切ります。

僕《ぼく》は大人の読む分厚い本を読んでいました。

家には、子どもの読む本はほとんどありませんでした。

子どもの僕《ぼく》が、石原慎《しん》太《た》郎《ろう》さんの『息子をサラリーマンにしない法』を読んでいたのです。その本には「父親は夭折《ようせつ》（若くて死ぬこと）するべし」と書いてありました。

僕《ぼく》の父親は長生きしています。

中学生でしておくこと

15

「疲《つか》れないこと」をしよう。

16

マネする力があれば、なんにでも変身できる。

僕《ぼく》は文字が好きなので、字を書く仕事ばかりやっています。仲よしに頼《たの》まれて、運動会の大きなパネルに「闘魂《とうこん》」という字を書いたこともあります。

小学校1年生から6年生まで、習字を習っていました。町に習字教室が2つあって、僕《ぼく》が行っていた教室はお手本どおりの完全模写でした。

もう1つの教室は、お手本どおりでなくていいから、元気よく書かせていました。

学校の点数は「元気よく」のほうがいいのです。

金・銀は、必ず「元気よく」派です。

それは習字教室の方針の違《ちが》いです。

「元気よく」派は太い字でガーッと書いてあります。

「元気よく」派は女の子が多いのです。

完全模写派の僕《ぼく》や楠本浩《くすもとこう》ちゃんは、少し女性的で、お手本どおりのまじめな字を書きました。

子どものころは、金・銀がとれないのが悩《なや》みでした。

でも、おかげで僕《ぼく》は誰《だれ》の字のマネもできるようになりました。

子どもの時は、完全な模写力を身につけたほうがいいのです。

僕《ぼく》はひたすら先生のモノマネをやっていました。

しゃべりも板書《ばんしょ》も、好きなもののモノマネが将来の自分のオリジナリティーをつくるのです。

中学生でしておくこと

16

好きな人のモノマネをしよう。

17

第4コーナーで手綱《たづな》をゆるめれば、あとは勝手に走って行く。

僕《ぼく》は、母親から厳しさを教わり、父親から優しさを教わりました。
僕《ぼく》の母親は、厳しい人でした。
父親は、フォローしてくれました。
父親は染物屋なので、職人的なところがありました。
「親がムリヤリさせてはダメ。競馬でムチは入れない」と言っていました。
父親は競馬が好きなので、競馬のたとえばかりでした。

教育ママの子どもは、ムチを入れすぎて、第4コーナーでヘトヘトになっています。

僕《ぼく》の父親は「第4コーナーでそれまで締《し》めていた手綱《たづな》をゆるめるから、大外《おおそと》から抜《ぬ》け。あとはオマエが勝手に走れ」という方針でした。

僕《ぼく》は好きなことを通して勉強していました。たとえば、中国の古典を勉強するのは、中国の古典を読むのが好きだからです。

だんだん高校生の読むもの、大学生の読むもの、大人の読むものになっていきます。

中学生でしておくこと

07

大人の本を読もう。

第2章

なんでも、イベントにして楽しんだ。

18

校庭にまっすぐ線を引くのが、楽しかった。

僕《ぼく》が生徒会の会長をやっていたのは、朝礼で話せたからです。

当時はニュータウンブームで、生徒が３０００人以上もいる、生徒数が日本ベスト３の中学校でした。

僕《ぼく》の学年は１クラス45人で17クラス。

１つ下の学年が30クラス、その下が33クラスでした。

３０００人もいると、笑いの声がうねります。

この３０００人の笑いをとるのが快感だったのです。

中学生でしておくこと

18

先生の手伝いをしよう。

僕《ぼく》のもう1つの楽しみは、穴から白い石灰が出て線を引く線引器です。

朝礼の時に、まっすぐ線を引くことにこだわっていました。

少し進むとすぐ曲がってしまうので、むずかしいのです。

遠いところを目標にして引いていきます。

同じテンポで引かないと、濃《こ》いところと薄《うす》いところができます。

グラウンドにデコボコがあるので、ちょっと力を抜《ぬ》くと傾《かたむ》いてしまいます。

それを工夫するのが楽しみでした。

19

生徒会新聞を、1人で書いて、印刷して出すのが楽しかった。

生徒会新聞の発行は、何回出すかは、決まっていませんでした。1カ月に1回でも3カ月に1回でもいいのです。

3000部刷れるので、ちょっとした本並みです。

僕《ぼく》は書くのが好きなので、週1ページで出していました。

当時はガリ版刷りで、1枚1枚手で刷ります。

きれいに刷るには、インクのつけ方がむずかしいのです。

線引器と同じく、職人的なものが好きなようです。

刷ったものをクラスごとに45枚ずつ分けて、全クラスに配ります。

それを1人でするのです。

最初は鉄筆《てっぴつ》でしたが、途中《とちゅう》から鉛筆《えんぴつ》で書いてもいい機械にかわりました。

生徒会新聞を通して、きれいに書くコツ、きれいに印刷するコツ、45枚に分けるコツの3つを覚えたのです。

中学生でしておくこと 19

「手間のかかること」をしよう。

20

選挙ポスターを工夫するのが、楽しかった。

生徒会に立候補すると、ポスターを30枚張ることができます。

みんなは「清き1票を」と書いています。

僕《ぼく》は選挙がどうのこうのよりも、デザイン主体でした。

ポスターで何か面白いことができないかと、30枚を碁盤《ごばん》の目に張り合わせて網《あみ》のような形にしました。

30枚を1枚に張り合わせると、5枚掛《か》ける6枚の大きさになります。

もっと大きくするために、スキ間をあけたのです。

選挙管理委員会から「これは30枚以上だ」と注意されました。

でも、使っている紙を数えたら30枚です。

ポスターは、選挙管理委員会の判こを押《お》された30枚のA４の紙を使わなければなりません。

僕《ぼく》は、選挙始まって以来、かつてなかったというポスターをつくりたかったのです。

うまく間を抜《ぬ》けば、50枚ぐらいの大きさにできます。

それで選挙管理委員会ともめたのが楽しかったです。

ほかの候補者は、１枚ずつ30カ所に張ります。

それまでも２枚の大きさまではありました。

僕《ぼく》は、１カ所に、大きいポスターをつくろうとしました。

そうすれば、話題をつくれます。

結局、大きさは外枠《そとわく》のイメージです。
スキ間の部分は文字を書かないで、ホワイトスペースとして稼《かせ》げます。
本来の目的からははずれていることが、楽しかったのです。

中学生でしておくこと

20

立候補しよう。

21

休み時間の10分に、集中して遊んだ。

休み時間に、手作りの野球ゲームをやっていました。

野球ゲームといっても、六角形の鉛筆《えんぴつ》に「アウト」「ヒット」「三振《さんしん》」「ホームラン」などと書いて転がすだけです。

高校野球のように、32チームに学校名をつけて、ちゃんと9回表裏までトーナメントで戦う長い戦いです。

手作りのロールプレイングゲームです。

それぞれが自分のチーム名を決めます。

中学生でしておくこと

21

休み時間に、休まない。

だんだん参加者が増えて、8人なら1人4チームずつ持ちました。

ゲームをやっている間も、「大和《やまと》郡《こおり》山《やま》高校、さあ、金魚づくりで鍛《きた》えた筋肉」などと実況中継しながら遊んでいました。

大和《やまと》郡《こおり》山《やま》は金魚の名産地です。

10分の休み時間が、楽しかったのです。

22

持ち込み禁止になったので、ゲームを自分でつくるのが楽しかった。

僕《ぼく》は、ゲームをつくるのが好きでした。
もちろんゲームボーイなどない時代です。
サイコロを転がして進む「すごろくゲーム」です。
人生ゲームのように、各自で車をつくって進みます。
最後、上がりになった人が勝ちです。
盛り上がりすぎて、授業が始まっても、いいところだとやめられません。

とうとう先生に怒《おこ》られて、サイコロ禁止になりました。

でも、そんなことはたいした問題ではありません。

六角形の鉛筆《えんぴつ》を転がせば成り立つのです。

10人ぐらい参加して、そのまわりにギャラリーが集まって、お弁当を食べながら見ています。

食べながら興奮してさわぐので、ごはん粒《つぶ》をゲームの紙に吹《ふ》かれたこともありました。

ゲームは、わら半紙に鉛筆《えんぴつ》書きです。

名前は「デヘゲーム」です。

林君という男がサイコロの目が出るたびに「デヘッ」と笑うところからつけられました。

僕《ぼく》は林君にデヘゲームをあげて、新しく「ヘデゲーム」をつくりました。

林君は「もらっていいの？」と喜んでくれました。

中学生でしておくこと

22

自分で、ゲームをつくろう。

23

募《ぼ》金《きん》の中から、コインを探すのが楽しかった。

僕《ぼく》は、ゲームをするのも、つくるのも好きでした。

最初は将棋《しょうぎ》をやっていました。

将棋盤《しょうぎばん》が途中《とちゅう》で禁止になったので、紙に書いた盤《ばん》に消しゴムで消しながらコマを動かしていました。僕《ぼく》は筆圧が強いので、消すのが大変です。

友達の石田君は筆圧が弱いので、すぐ消えます。

最初は、将棋《しょうぎ》の４人組でリーグ戦をやっていました。

友達を増やそうとしてやったことではありません。

でも、先生に怒《おこ》られるほど盛り上がったのです。

学校に将棋《しょうぎ》をする部屋がないので、生徒会室でやっていました。仲間は4人です。

将棋《しょうぎ》仲間の石田君は、当時コインに興味を持っていました。コインといってても、すごいコインではありません。昭和30年から34年にかけての10円玉は数が少ないらしくて、「1枚15円」ぐらいの値打ちがあったそうです。生徒会の募金《ぼきん》では、その10円玉を探します。

石田君は「あった。33年って少ないんだぞ」と言いながら大喜びです。

石田君も、マニアックな男だったのです。

中学生でしておくこと 23

コレクションをしよう。

24

国旗掲揚《けいよう》を、いいタイミングで揚《あ》げるのが楽しかった。

学校は、楽しかった。

学校が好きというのとは少し違《ちが》います。

たまたま好きなことを、学校を利用してやっていただけです。

生徒会活動が好きなのではなく、発表の場が好きなのです。

生徒会があるから、笑わせることも、書くことも、ポスターを工夫することも、ガリ版を刷って自分で配ることもできるのです。

ガリ版はめんどくさいと言う人は、書くことがあまり好きではないのです。

生徒会の仕事の1つに、朝礼で「君が代」にあわせた国旗掲揚《けいよう》があります。

タイミングをあわせないと、時間が余ったり足りなくなったりします。

昔は週1で朝礼があったので、練習量は多いのです。

今でも気持ちがこもっていない間《ま》で揚《あ》げている国旗掲揚《けいよう》は、気になってしょうがありません。

国旗は「君が代」の最後の余韻《よいん》で上に抜《ぬ》けて、バタバタとなびかないといけません。

早く揚《あ》げすぎて曲が余ったら、ダメです。

「君が代」はむずかしいのです。

単調に一定のテンポで揚《あ》げるのも、最後のところの感動がありません。最後の「ターン、タンタンターン。バサバサ」というところが泣きどころです。

アメリカはそういうことをよく研究しています。

お芝居《しばい》の緞帳《どんちょう》は、大団円のところでヒューンと下がってきます。役者さんの顔の前のところで、いったんためています。名残《なご》り惜《お》しいと思っていると、そこを断ち切るように最後は早めるのです。

誰も気づかないことを、うまくやるのが楽しみでした。

中学生でしておくこと

24

自分なりの楽しみを見つけよう。

25

給食で、取り分けを楽しんだ。

今僕《ぼく》は、パーティーでは料理の取り分け係をやっています。

給食係が原点です。

クラスの45人に同じように配分するのは、なかなかむずかしいのです。

足りなくなっても、たくさん余らせてもいけません。

少なめに盛っておかわりできるのがベストです。

足りなくなってはどうしようもありません。

食べ方を工夫するのも、好きでした。僕《ぼく》は給食のチーズが食べられませんでした。

ある時、チーズに蜂蜜《はちみつ》をかけたらおいしいとわかりました。

チーズが出たら、蜂蜜《はちみつ》が出る日までとっておきます。

献立《こんだて》をその日に完結する必要はないと気づいたのです。

今でもビュッフェで別のコーナーのものを組み合わせるのは、快感です。

サラダのコーナーにタマネギスライスとドレッシングがあります。

お肉のコーナーに、お肉用のポン酢《ず》と大根おろしがあります。

「タマネギにポン酢《ず》と大根おろしをかけたらどうなりますか」とそういうことを考えるのが好きなのです。

中学生でしておくこと 25

給食係をしよう。

26

なんでもイベントにして、楽しんでいた。

生徒会長は、朝礼の時に3000人を前にして立ちます。
その時に姿勢をよくしたいという気持ちがありました。
後に、ダンスやいろいろなことで僕《ぼく》の姿勢はよくなりました。
でも、姿勢に対するこだわりは朝礼で生まれたのです。
僕《ぼく》の中では、朝礼は一種のイベントです。
そのために線引器できれいに線を引くのです。
すべてが、自分の中ではイベントです。

中学生でしておくこと 26

なんでも、イベントにしよう。

僕《ぼく》が塾《じゅく》に行っていたのは、みんなが行っていたからです。
塾《じゅく》に行かないと友達がいないのです。
よその教室に行くのも楽しいです。
電車に乗って塾《じゅく》に行くと、駅ごとに本屋さんがあります。
帰りにいろいろな本屋さんに行けるのも楽しかったのです。

27

10代でやりたかったことを、大人になっても持ち続ける。

20代になると、自活するために仕事をしなければならなくなります。好きなことをやっているヒマはなくなります。やらなければならないことがたくさん出てきて、やりたいことが後回しになるのです。中学生のうちは、やらなければならないことがたくさんあるように感じます。10代は、やりたいことのできる最高のチャンスです。

この時期にやりたいことをやっておかないと、やりたいことが見つからないまま年を重ねることになります。

ひたすら寂《さび》しい寂《さび》しいと言って、年中パーティーをするようになるのです。

幸せを目指すか、成功を目指すかです。10代の時にやりたいことをガマンして成功できても、幸せにはなれないのです。

すべての人が、10代の時にやりたいことに出会っているはずです。

それをガマンして押《お》し殺すか、持ち続けられるかの違《ちが》いです。

ガマンしているうちに、忘れてしまうこともあります。

好きなことを持ち続けられる人は、成功できなくても、幸せになれます。

作家を夢みて、1冊も本を出せなくても書き続けられる人が、幸せになるのです。

中学生でしておくこと 27

楽しいことを、あきらめない。

第3章

ひとりぼっちだから、幸せになれた。

28

子どもの時から友達が多くて、夢を実現している人はいない。

友達が少ないと、みんながサッカーをやっている時に仲間に入れてもらえません。

自分から「入れて」とも言えません。

運動神経もいいとは限らないのです。

仕方なく1人でギターを弾《ひ》いてミュージシャンになったり、昆虫《こんちゅう》を研究して昆虫《こんちゅう》博士になるのです。

人気者で運動神経もよかったら、サッカーに呼ばれて、昆虫《こんちゅう》の研究をしたりギターの練習をするヒマもないのです。

それは1人でしなければならないことだからです。

夢を実現する人で、ひとりぼっちの体験のない人はいません。

僕《ぼく》は大学時代、友達は1人しかいませんでした。

しかも、偏屈《へんくつ》で愛想の悪い男でした。

その友達もまた、友達は僕《ぼく》1人でした。

いつか「笑っていいとも!」のテレフォンショッキングに僕《ぼく》たちが出たら、2人で終わるよねと、本気で言い合っていたものです。

中学生でしておくこと 28

ひとりぼっちを楽しもう。

29

ひとりぼっちを体験する。

孤独《こどく》を感じる人は、逆に、まわりにたくさん人がいます。

そのため、ふだんあまり1人になったことがないのです。

1人で留守番をしたこともありません。

1人で何かをした経験がないのです。

いつも誰《だれ》かがそばにいて、助けてもらっていると、孤独《こどく》に堪《た》えられなくなるのです。

まず、「1人になって寂《さび》しい」という体験をすることです。

ひとりぼっちの人が、みんなやけっぱちになって事件を起こすわけではありません。

親が仕事でいないひとりっ子は、1人でいるのが当たり前です。

1人での楽しみ方を知っているから、寂《さび》しくありません。

1人でいる時間の長い人のほうが、孤独《こどく》に強くなるのです。

中学生でしておくこと 29

留守番をしよう。

30

ひとりぼっちだった人は、友達のありがたみがわかる。

孤独《こどく》に弱い人は、友達を「たくさん」欲しがります。

でも、友達がたくさんいる必要は、まったくありません。

たった1人でも友達がいたら、孤独《こどく》は感じないのです。

友達をたくさん欲しがる人は、今いる友達のありがたみがわからないのです。

これが、友達がたくさんいることによるマイナス面です。

友達がたくさんいる人ほど、もっと友達を欲しがります。

それでは今の友達がかわいそうです。

「友達がもっと欲しい」とか「本当の友達がいない」と相談された友達は、つらいです。自分はなんなんだろうと思います。

ひとりぼっちだった人が初めて友達ができたら、うれしいです。

友達の本当のありがたみもわかります。

孤独《こどく》を感じている人は、たくさん友達がいて、いつも誰《だれ》かがそばにいる人です。その分、まわりにかまわれすぎて、今の友達をおろそかにしています。

大人になっても、そういう人は孤独《こどく》に悩《なや》むことになるのです。

中学生でしておくこと 30

「たった1人の友達」をつくろう。

31

友達がいない孤独《こどく》感を、きちんと味わっておく。

友達が欲しいと悩《なや》む時期に、一度「本当のひとりぼっち」を体験しておくことです。

「誰《だれ》とも会わない」「まわりに知っている人が誰《だれ》もいない」「知っている人がいても誰《だれ》にも連絡《れんらく》をとらない」という体験です。

そうすれば、1人目の友達を大切にして、もっと友達が欲しいとは思わなくなります。

「友達がいるのが当たり前」から始まる人は、自分は友達が少ないと思っています。

恋人《こいびと》や奥《おく》さんがもっと欲しいと言うのは、ヘンです。

友達がいない孤独《こどく》感をきちんと味わった人のほうが、将来、友達や恋人《こいびと》ができても大切にできます。

友達がたくさんいる人のほうが、そのありがたみがわからなくて、寂《さび》しい感じがもっと残るのです。

「1人でいるから寂《さび》しい」とか「大ぜいでいるから寂《さび》しくない」ということはありません。

まわりに人がたくさんいるのに、誰《だれ》とも話せない人がいます。

それは、いつも大ぜいの中にいるからです。

もっと1人になることです。

ひとりぼっちとひとりぼっちとの出会いが、最も強い出会いになるのです。

1人でいると、必ず仲間に入れてくれる人が出てきます。

その人が大ぜいでいるのが好きな人なら、大ぜいの中の1人の扱《あつか》いにすぎないので、かえって寂《さび》しいのです。

その人は、ただ友達を増やすことを考えているだけだからです。

中学生でしておくこと 31

誕生日に、1人で過ごそう。

32

八方美人は、友達ができない。

孤独《こどく》感を持つ人は、「どうしたら、みんなに好かれるか」を考えます。

「どうしたら、嫌《きら》われないか」ということばかり考えます。

学校でも「誰《だれ》とでも仲よくしましょう」と教えられます。

でも、八方美人は結局はムリしています。

誘《さそ》われたらいつも行くのに、「あいつ、あまり好きじゃない」と言われるのです。

八方美人では、友達ができません。

中学生でしておくこと 32

好《す》き嫌《きら》いを、つくろう。

八方美人である必要は、まったくありません。
好《す》き嫌《きら》いがあってもいいし、嫌《きら》われてもいいのです。
孤独《こどく》感を持つ人は、嫌《きら》われたらどうしようということを気にしすぎるのです。

33

顔の見えない友達は、本当の友達ではない。

生身の友達のいない人は、インターネットの架空《かくう》の世界に逃《に》げていきます。

友達を増やそうと思えば、インターネットの世界で顔の見えない友達はいくらでも増やせます。

でも、それを友達に数えてはいけません。

ある時、突然《とつぜん》裏切られます。

意見が合っている時は、まだいいのです。

意見が合わなくなった瞬間《しゅんかん》に、悪口が大量に送られてきて、人間不信になるのです。これが顔の見えない友達との間に起こる現象です。

文通の時代には、こういうことは起こりませんでした。

手書きなので、悪口を書くにもエネルギーがいります。

悪口を書いて送っても、届くのは翌日です。

それに対して反論が返ってくるのは、2日後です。その間に冷静になります。

ところが、インターネットは悪口が即《そく》相手に届いて、相手からの反応が即戻《そくもど》ってきます。売り言葉に買い言葉がエスカレートして、「炎上《えんじょう》」するのです。

文通の友達とインターネットの友達との差は、ここにあります。

インターネットの友達をつくろうとする人は、孤独《こどく》に堪《た》えられないのです。

中学生でしておくこと

33

友達を、家に呼ぼう。

34

自分自身を、話し相手にする。

友達がたくさんいる人は、作家にはなれません。

友達と話すことで発散してしまうからです。

「作家になるためには、いろいろな人に会ったほうがいい」というアドバイスは、間違《まちが》いです。

僕《ぼく》は大学時代、友達が1人しかいませんでした。

それも偏屈《へんくつ》な友人です。

僕の1日の会話量は、学食で「ハンバーグ1枚」、映画館で「学生1

枚」の2言でした。それが3年間続きました。
だから、僕《ぼく》は書いたのです。
書くことでしか、話せなかったのです。
ひたすらひとり言です。
面白い映画を見たら、その映画について何かを書きます。
人に話してしまったら、それは書けなくなります。
ということは、いつも自分自身が話し相手になれるのです。

中学生でしておくこと

34

自分自身と、話をしよう。

35

ラジオと本は、1人で味わうと、面白い。

世の中に出たら、必然的に大ぜいの人と一緒《いっしょ》に仕事をすることになります。

だからこそ、中学生時代にひとりぼっちで何かをできるのは貴重な瞬間《しゅんかん》です。

1人でなければ味わえないことがあります。

ラジオも、そのひとつです。

面白いラジオだから一緒《いっしょ》に聞こうと友達を誘《さそ》うと、いつもより面白くないのです。たまたま、ではありません。

ラジオは、やっぱり1人で聞くのが、面白いのです。

1人と2人とでは聞き方が違《ちが》います。

それぞれ別々にラジオを聞いて、「昨日のラジオは面白かった」と言うならいいのです。でも、一緒《いっしょ》に聞くと何か面白くないのです。

本も、1人で味わいたいです。

マンガも、自分のペースで読みたいです。

誰《だれ》かが横からのぞき込《こ》んで、「早くめくって」とか「まだ?」と言われたり、「まだ読んでない」とページを戻《もど》されたりすると、「じゃ、先に読んでよ」と言いたくなります。

一緒《いっしょ》に同じページを読むのは、一緒《いっしょ》にトイレに入っているような感じがするものです。

中学生でしておくこと

35

お気に入りのラジオ番組を持とう。

36

何かを書く時は、1人。鼻唄《うた》を歌う時も、1人。

自分の書いた文章は、誰《だれ》かに読んでもらいたいです。でも、書いている途《と》中《ちゅう》に誰《だれ》かがのぞきに来ると、照れくさくて隠してしまいます。でき上がる前に見られたくないのです。

本来、僕《ぼく》は文字を比《ひ》較《かく》的《てき》きっちり書くほうです。わざと走り書きするようになったのは、まわりの人に読めないようにするためです。

文章を書く時や絵を描《か》く時は1人です。

鼻唄《うた》が楽しいのは、1人だからです。誰《だれ》かがいたら、意識してしまって

中学生でしておくこと

36 鼻唄《うた》を、歌おう。

歌えません。歌のベストは、お風呂《ふろ》に入っている時の鼻唄《うた》です。

僕《ぼく》はよく「小学生みたい」と言われます。電車の中で1人で鼻唄《うた》を歌っているので、完全に小学生です。小学生は歩きながら歌っています。あれが幸福な瞬間《しゅんかん》です。自分の世界に入っているのです。

誰《だれ》かがそばにいたら、空想力や想像力は広がりません。

プロの歌手は、大ぜいの人がいる前でも、鼻唄《うた》のようにリラックスして歌えます。

大ぜいいても、うまく見せようと考えないで、1人でいる時と同じようにできるのがプロなのです。

37

自分で、自分の作品をほめる。

「誰《だれ》かにほめてもらいたい」という思いが強すぎると、いいものはできません。

できて一番うれしいのは、自分です。

世の中すべての人にほめてもらおうと考える人は、1人でもけなす人や「わからない」と言う人がいると、納得がいきません。

ほめている人が大ぜいいるのに、です。

本当は、自分で「いいのができた」と思ったら、それ以上ほめてくれる人は必要ないのです。

たまたま「いいね」と言ってくれる人が1人出てきたら、うれしいです。

自分の作品を最初にほめる人は、自分です。

次に、「いいね」と言う人が1人出てきます。

これ以上のほめ言葉は、いらないのです。

中学生でしておくこと
37

誰かを、ほめてあげよう。

38

1人だけ、わかってくれる人がいれば幸せ。

中谷塾《じゅく》で「自分だけが感じる小さな幸せ」というテーマで、1人ずつ発表しました。

「そういうの、あるある」と思った発表に、聞いた人が手をあげます。

子どもの時は、たくさん手があがるのがうれしいです。

でも、ベストは1人しか手があがらないことです。

1人しか手の挙がらない発表ができた人と、1人だけ手を挙げた人のどちらも偉《えら》いのです。

中学生でしておくこと 38

たった1人の応援者を、大切にしよう。

学校では、みんなが賛成するアイデアを出そうとします。

大ぜいが賛成してくれることが「成功」です。

でも、だから幸せとは限りません。

幸せは、たった1人賛成してくれる人がいることです。

大ぜいが賛成すると、手をあげていない人が目につきます。

「あの人は自分のことを嫌《きら》いなんじゃないか」と不安になります。

でも、それはたまたま感覚が違《ちが》っただけのことです。

結局は、たった1人の賛成者・応援《おうえん》者・わかってくれる人が、いるかどうかなのです。

39

1票しか入らない人と、その1票を入れた人が、夢を実現する。

①友達が1人もいない人
②友達がたった1人の人
③友達が大ぜいいる人

の3通りがあります。

①は、③になりたがります。

でも、③が孤独《こどく》を感じていないわけではありません。

①も③も、どちらも孤独《こどく》を感じています。

たくさん友達がいる人は、1人でも友達でない人がいたら、「なんであの人は友達ではないのだろう」と寂《さび》しくなるのです。

友達が1人しかいない人は、孤独《こどく》を感じません。

その1人がありがたいのです。

うれしいのは、たった1票を入れてくれることです。

学級委員の選挙のたった1票を誰《だれ》が入れてくれたのかと、ワクワクします。

人気投票でたくさん票が入る人は、大人になると普通《ふつう》の人になります。

大人になって本当に人気が出て、夢を実現する人は、学校時代に1票しか入らない人です。

中学生でしておくこと 39

「寂《さび》しい」と言わない。

子どもの時は、誰《だれ》もその人の魅力《みりょく》がわからないのです。

人気投票で1票しか入らない人と、その1票を入れた人が、将来大人になって夢を実現します。

この2人は「寂《さび》しい」と言わない人なのです。

40

年賀状は、少ないほどいい。

年賀状も、たくさん書けばいいというわけではありません。

同じ人から年賀状が2枚来るのは、一番寂《さび》しいです。

2枚もらってうれしいというモノではありません。

たくさん書きすぎて、その人に書いたかどうかわからなくなっているのです。

もう出してあるのに、相手から来た年賀状にまた返事を出すのです。

その2枚がまったく同じ文言で来ると、つらいです。

年賀状をたくさんもらう人は、来た年賀状を喜ぶのではなく、来なかった年賀状のほうが気になります。

年賀状の少ない人は、来た年賀状を味わえます。

自分の出す年賀状も丁寧《ていねい》に書けます。

出したかどうかも覚えています。

出したかどうかわからなくなるのは、1枚1枚への思い入れがないからです。

それでは年賀状の意味がありません。

だんだん顔がよくわからない人になっていきます。

もうやめようと思って出さないでいると、向こうから来ます。

それを返してまた出してというのを、両者で交互《こうご》にやっているのです。

子どもの時は、年賀状が増えることが大人になることだと思《おも》い込《こ》んでいました。
親には年賀状がたくさん来ます。
早く大人になって、年賀状が増えたらいいなと思います。
年賀状を増やすことが、目的になってしまうのです。
年賀状を増やそうと思ったら、簡単です。
来た年賀状に、あんまり仲良くなくても、全部返せばいいのです。
そうしているうちに、誰《だれ》だかわからないまま10年やりとりすることになります。

中学生でしておくこと 40

友達を増やそうとしない。

41

「なんで」を自分に向ける人が、夢を実現する。

孤独感《こどく》には、いいほうに転ぶ孤独感《こどく》と、悪いほうに転ぶ孤独感《こどく》とがあります。

「善玉孤独感《こどく》」と「悪玉孤独感《こどく》」があるのです。

孤独《こどく》を感じると、必ず「なんで○○なんだろう」という気持ちがわきます。

「なんで」を相手に向けないで、自分に向けるのです。

「なんで」を自分に向けられる人が、何かを生み出せる人です。

絵を描《か》く人、音楽をつくる人、文章を書く人は、「なんで」と自分に問いかけます。

たとえば、作家になりたい人が編集者のところに原稿《げんこう》を持って行きます。「残念ですが、これは出せません」と言われると、「なんで出せないんですか」とムッとするのです。そもそも、そんなことを言っているから前進しないのです。

「なんで」は、自分自身が反省する言葉です。

それなのに、「なんで」を自分に向けないので「私のことが嫌《きら》いだからですか」と、間違《まちが》った方向に行くのです。

夢が実現できない人はこのタイプです。

やけになって、関係ない人を刺《さ》してしまうのは、「なんで」の矛先《ほこさき》が外に向いているからです。

中学生でしておくこと

41

「なんで」と相手に文句を言わない。

42

「なんで」が自分に向かう人は、自分を変えられる。

「自分は孤独《こどく》だ」と言う人は、「私は悪くないのに、まわりが悪い」と、まわりの環境《かんきょう》のせいにしています。

孤独《こどく》を感じた時に、「自分はみんなに気をつかえないところがある」「遠《えん》慮《りょ》しすぎるところがある」「出しゃばりすぎるところがある」と反省できる人は、生まれ変わることができます。

自分が生まれ変われば、新しい友達もできます。

人のせいにばかりする人は、自分を変えようとしないのです。

子どもが親に怒りの矛先《ほこさき》を向けるのは、自分自身に一番リスクがないからです。
友達なら「絶交」と言われます。
親は「絶交」と言わないだろうと油断しているのです。
「なんで」の矛先《ほこさき》を外に向ける人からは、友達が離《はな》れていきます。
「なんで」をまわりに向けないことが、素直さです。
友達ができるかどうかは、自分自身の素直さにかかっているのです。

中学生でしておくこと

42

「なんで」を自分自身に向けよう。

43

「なんで」と人に聞く人は、サプライズがなくなる。

きれいな夕日だったので、見せてあげたいと思いました。
「今から屋上に行こう」と言うと、「なんで」と聞かれました。
びっくりさせたいので、黙《だま》って見せたかったのです。
「今、夕焼けがきれいだから」と言って見せても、驚《おどろ》きは半減します。
期待して見に行ったら、たいしたことはないのです。
ここで素直に屋上に上がる人は、きれいな夕焼けを見られます。
行動する前に「なんで」と人に聞く人は、感動がなくなるのです。

お誕生日のサプライズパーティーで「ちょっとここに来て」と言った時に「なんで」と聞く人は、めんどくさいです。

「もうあの人にサプライズをしてあげるのはやめよう」ということになります。

一方で、素直に「エッ、何があるんですか」と、ワクワクしながら来る人もいます。

そういう人は、自分の中で「なんで」を楽しめるのです。

虫の好きな人は、「なんで虫はこんな形なんだろう」と「なんで」を自分の中で楽しめます。

素直さは、「なんで」が外へ向かうか、内側に向かうかの差です。

素直な人は、友達ができた時も素直に感動できるのです。

中学生でしておくこと

43

「なんで」と聞く前に行動しよう。

44

「たった1人」がいれば、生き延びられる。

外国でビルが崩壊《ほうかい》するほどの地震《じしん》があって、たくさんの人が生き埋《う》めになりました。

たまたま運よく障害物のスキ間で生き延びた人がいました。

でも、まわりは高温で、のどは渇《かわ》くし、おなかはすくし、真っ暗です。

これが孤独《こどく》な状態です。

普通《ふつう》は、ここで精神的に参ってしまって助かりません。

でも、その人は生き延びました。

最初は「誰《だれ》かいませんか。助けて」と叫《さけ》んでいました。
でも、やがて声が出なくなります。
次に、横にあったものでカンカンカンと叩《たた》き始めました。
不規則なリズムで叩《たた》くと、人がいることをアピールできます。
叫《さけ》び続けるのは、現実には不可能です。
叩《たた》いていると、返事が返ってきました。
少し離《はな》れたところにも、生きている人がいたのです。
この2人は、このやりとりで生き延びたのです。
たまたま横にいたマネキンに話しかけて生き延びた人もいます。
人間は、「たった1人」がいれば生き延びられます。
たった1人がいるだけで、寂《さび》しくないのです。

中学生でしておくこと

44

内緒の友達を、1人つくろう。

45

自然と話ができると、孤独《こどく》を感じない。

孤独《こどく》を感じない方法は、自然と話ができるようになることです。

インターネットの世界に逃《に》げることではありません。

友達のたくさんいる人は、木や花や動物など、自然のものと話ができなくなります。

友達のいない人は、話し相手は自然しかないのです。

犬は比較的《ひかくてき》話が通じている感覚があります。

猫《ねこ》は独自の世界で生きています。

ポーカーフェースでしっぽも振《ふ》らないので、通じているかどうかは微《び》妙《みょう》です。

ウサギになると、もう少しわかりにくくなります。

カメになると、さらにマニアックです。

でも、そんなマニアックな相手とも話ができたら、すばらしいことです。

お花の土がカラカラに乾《かわ》いていたら、「ごめん、ごめん」と話しかけながらお水をあげます。

あらゆる植物、動物、自然現象と話ができるようになると、寂《さび》しさを感じなくなるのです。

中学生でしておくこと

45

自然と、話をしよう。

46

1人の世界を楽しんでいると、人が集まる。

トモ君はストリートミュージシャンです。

ストリートミュージシャンの歌を「1人で」聞くのは、勇気がいります。

帰るタイミングがわからないし、目立つのです。

大ぜいの輪の中にまじって聞くのは簡単です。

トモ君は、「たった1人でも立ち止まって聞いてくれたら、すごくうれしいです」と言うのです。

トモ君は、帰る間《ま》もわざとつくって、「お忙《いそが》しかったら行ってくださいね」と気をつかいます。

1人が聞いていると、必ずあとに人が続きます。

僕《ぼく》は「1人目に聞いてもらうコツはあるの？」と聞きました。

実演販売《はんばい》にもコツはあります。

通りかかった時を狙《ねら》って、うまく歌い始めるのかなと思っていました。

でも、逆でした。

人が来たところで曲を始めても、絶対立ち止まってくれません。

誰《だれ》もいないところでやると、必ず誰《だれ》かが聞いてくれます。

コツは、まず自分1人の世界を楽しむことです。

長渕剛《ながぶちつよし》さんとジョイントコンサートをしたこともあるトモ君は、カッコいいです。

それ以上に、誰《だれ》もいないところで演奏しているトモ君もカッコいいのです。

聞き手がいなくても歌っているのが、本当のミュージシャンのあり方です。

彼《かれ》の成功は、メジャーデビューして紅白に出ることでも、東京ドームで歌うことでもありません。

最高の成功は、路上ライブです。

誰《だれ》も聞いてくれないからやめるのは、本当のミュージシャンとは言えません。

芸術家は、誰《だれ》しもみんなストリートミュージシャンなのです。

中学生でしておくこと

46

誰《だれ》もいないところで、好きなことを披露しよう。

47

見えないリアクションを感じとる。

リアクションに対してビクビクするのは、好きなことをやっていないからです。

ストリートミュージシャンをやったけど、誰《だれ》も聞いてくれなかったからやめたというのと同じです。

実は通りすぎながら聞いています。

いきなり立ち止まったりはしません。

1カ月、3カ月、半年、1年と、「ああ、いつもいるな」という段階があります。
ある時立ち止まろうと思っても、誰《だれ》も立ち止まっていないので、勇気が出ないのです。
でも、歩いて通りすぎる30秒の間は聞いています。
本人はリアクションがない、誰《だれ》も立ち止まってくれないと感じてしまいます。
でも、どこかで誰《だれ》かが聞いてくれたり、見たりしてくれます。
目に見えないリアクションを感じとる力が大切なのです。

中学生でしておくこと 47

「黙っている味方」に感謝しよう。

48

好きなことができれば、幸せになれる。

ハリウッドで、歌手になりたかったのになれなかった女性に出会いました。

もっと歌のうまい人、もっときれいな人がたくさんいるのです。

彼女《かのじょ》は今、お誕生日の人の家でハッピーバースデーを歌い、アカデミー賞のオスカー像のレプリカをプレゼントする仕事をしています。

ご主人が奥《おく》さんの誕生日に「アカデミー奥《おく》さん賞」をプレゼントするのです。

彼女《かのじょ》は「歌手としてオスカーをもらう仕事はできなかったけど、今はオスカーをプレゼントする側になっています。だから、幸せ」と言っていました。歌手になれなくても、歌手としての仕事をまっとうしているのです。

成功かと言われれば、わかりません。

でも、彼女《かのじょ》は幸福です。

成功したから幸福になれるとは限らないのです。

友達ができたから、孤独《こどく》感がなくなるわけではありません。

逆に、友達が1人もいなくても、孤独《こどく》ではないのです。

中学生でしておくこと

48

嫌《きら》いなことをなくすより、好きなことをつくろう。

49

自分の中で、楽しい妄想《もうそう》をする。

友達とケンカする人は、自分自身ともケンカしています。
自分の中でもめている人は、ある時突然《とつぜん》キレるのです。
まわりの人はびっくりします。
実は、いきなり怒《おこ》り始めたのではありません。
30分前にあったことについて、自分の中で議論が展開されます。
それがだんだんエスカレートして、「なんだ、バカヤロウ」と外に出て来るのです。

中学生でしておくこと 49

妄想《もうそう》して、ニヤニヤしよう。

今あったことに対して怒《おこ》っているなら、理由はわかります。

今までおとなしくしていた人がいきなり怒《おこ》り始めたら、まわりの人はわけがわかりません。

その人は自分の中で楽しい会話ができていないのです。

自分の中で議論をしてはいけません。

自分の中でひたすら楽しい妄想《もうそう》をすることが、孤独感《こどくかん》を味わわない方法なのです。

50

妄想《もうそう》のできない人は、ストーカーになる。

僕《ぼく》は無人島に流れ着いても、まったく平気です。

毎日新しいお話を考えるからです。

「ここでいきなり謎《なぞ》の美少女があらわれて」といったストーリーをつくります。

今度はその人に話しかける世界ができます。

それだけで一日中ニヤニヤしていられるのです。

誰《だれ》かがまた流れ着いた時のために、家はつくっておきます。

ゲームをつくったり、サプライズを考えます。

退屈《たいくつ》しないように、レクリエーション設備もつくります。

これらは全部、妄想《もうそう》です。

孤独感《こどくかん》に押《お》しつぶされる人は、この妄想《もうそう》ができない人です。

妄想《もうそう》し始めると、誰《だれ》かがいると逆にわずらわしくなるのです。

たとえば、彼女《かのじょ》にふられた時も「本当は僕《ぼく》のことが好きなのに、僕《ぼく》の勉強の邪魔《じゃま》をしないためにあえて身を引いた。でも、だからこそますます好きということに彼女《かのじょ》は気づいている」と妄想《もうそう》するのです。

ストーカーぎりぎりいっぱいです。

でも、その時に相手を思いやる気持ちがあれば、ストーカーにならないでいられるのです。

ひとりよがりで、孤独感《こどくかん》がムクムクとわき上がってくると、ストーカーになります。

妄想《もうそう》の世界でロマンチックに生きている人は、ストーカーにはなりません。

ストーカーになる人は、どこかで孤独感《こどく》につぶされたのです。

妄想《もうそう》だけではストーカーにはなりません。

孤独《こどく》を感じると、相手からのリアクションが欲しくなって、いろいろなことを仕掛《しか》けます。

妄想《もうそう》で楽しめる人は自分の中で満足しているので、リアクションはいらないのです。

中学生でしておくこと 50

リアクションを、求めすぎない。

あとがき

中学時代に、ドキドキできることをやっておく。

中学時代のドキドキは、一生のうちで最高のドキドキです。

それ以上のドキドキはありません。

大人になってからのドキドキは、学生時代のドキドキとつながった時に、そのドキドキがいっそう大きく感じられます。

だからこそ、中学時代にはドキドキすることをやっておかなければなりません。

大人になってから、中学時代のドキドキ感を告白します。

それに共感してくれる人がいたら、仲よくなれます。

カラオケで最初のうちは流行《はや》りの曲を歌います。

でも、何曲も歌っていると、結局は中学生の時に聞いた歌に戻《もど》っていくのです。

記憶《きおく》力は、英単語を覚えることだけではありません。

感情における記憶《きおく》力がディテールにまで残っているのが、中学時代です。

感情の記憶《きおく》力を大人になっても持続できる人は、感情豊かな人、感受性の豊かな人になれるのです。

〈著者紹介〉
中谷彰宏（なかたに・あきひろ）
1959年、大阪府生まれ。早稲田大学第一文学部演劇科卒。博報堂に入社し、8年間のCMプランナーを経て、91年、独立。株式会社中谷彰宏事務所を設立。人生論、ビジネスから恋愛エッセイ、小説まで、多くのロングセラー、ベストセラーを送り出す。講演やドラマ出演など、幅広い分野で活躍中。

＊本の感想など、どんなことでも、お手紙を楽しみにしています。
他の人に読まれることはありません。僕は、本気で読みます。
中谷彰宏

〒102-8331　千代田区一番町21
株式会社PHP研究所　児童書出版部気付　中谷彰宏　行
＊食品、現金、切手等の同封は、ご遠慮ください。（児童書出版部）

【中谷彰宏　ホームページ】http://www.an-web.com/
【モバイル】http://www.an-web.com/mobile/

YA心の友だちシリーズ

中学時代にしておく50のこと
2008年11月7日　第1版第1刷発行
2015年3月17日　第1版第31刷発行

著　者　**中谷彰宏**
発行者　**山崎 至**
発行所　**株式会社ＰＨＰ研究所**
東京本部　〒102-8331　千代田区一番町21
児童書局　出版部　☎03-3239-6255（編集）
普及部　☎03-3239-6256（販売）
京都本部　〒601-8411　京都市南区西九条北ノ内町11
PHP INTERFACE　http://www.php.co.jp/
制作協力
組　版　**株式会社ＰＨＰエディターズ・グループ**
印刷所　**共同印刷株式会社**
製本所　**東京美術紙工協業組合**

ISBN978-4-569-68921-0　NDC159 143p 20cm